Le Swing Trading Avec Le Graphique En 4 Heures

Partie 3: Où est-ce que je place mon stop-loss ?

Traduit de l'anglais par Carolane de Palmas

Heikin Ashi Trader

Sommaire

Les stop-loss sont-ils nécessaires ?

Où est-ce que je place mon stop-loss ? Beaucoup de traders me posent cette question. Cela semble souvent un peu comme un accessoire ennuyeux à propos duquel le trader doit toujours s'inquiéter, après avoir effectué le travail important d'analyse de marché et après que le trader ait déjà acheté une position. La question porte sur le problème le plus important auquel un trader peut et doit réfléchir : quel risque suis-je prêt à prendre pour m'acheter la chance suivante ?

Malheureusement, derrière cette question, il y a un désir enfantin caché de vouloir que je lui révèle une sorte de cachette où il pourrait mettre cette chose ennuyeuse, appelée « Stop », pour que Mr Market ne puisse jamais le trouver. Curieusement, Mr Market a du flair pour trouver ces cachettes, surtout si le stop est situé juste en dessous ou au-dessus de niveaux importants comme les supports ou les résistances. « Comment cela se produit » a été le sujet du 2e livre de cette série sur le swing trading.

Les stop-loss sont un sujet controversé dans les milieux du trading. Pas étonnant car ils appartiennent à la stratégie de sortie d'un système de trading. En d'autres termes, un stop-loss est l'outil central de gestion des risques et, par conséquent, il s'agit directement de gagner de l'argent sur le marché boursier. Il est donc impératif que vous compreniez quelle fonction le stop-loss a dans votre système de trading ou dans votre stratégie.

Cela doit être clair dès le début que l'utilisation des stop-loss entraîne toujours un taux de réussite plus faible. Si vous tradez sans stop-loss, vous atteindrez probablement un taux de réussite très élevé. Cependant, vous pourriez attendre parfois pendant très longtemps avant que certaines positions finissent en profit. En outre, certaines positions ne seront jamais positives et vous seriez forcé de les fermer avec des pertes très élevées.

Si le trader utilise des stop-loss, il pourrait éviter un tel scénario. En retour, il doit accepter de subir des trades perdants assez souvent. Ces trades perdants sont le prix que vous êtes prêt à payer afin de contrôler votre risque. Vous ne pouvez pas le faire lorsque vous tradez sans stop-loss. Dans ce cas, votre risque est illimité.

Si vous choisissez de trader avec des stop-loss - et je vous pousse à le faire, le taux de réussite de votre système se détériorera automatiquement. Vous ne gagnerez pas dans 100% des cas, mais dans seulement 70% ou 60% ou même moins. Il existe même des stratégies très réussies qui fonctionnent très bien avec des taux de réussite très bas.

C'est par exemple généralement le cas pour les adeptes du trading en tendance. Ici, le trader doit souvent faire plusieurs tentatives pour établir une position dans une tendance. Cela entraîne naturellement de nombreuses pertes et quelques importants trades gagnants. Le résultat peut être positif mais le trader doit parfois accepter un taux de réussite inférieur à 30%.

Bien sûr, un taux de succès élevé caresse votre ego et c'est ce que beaucoup de débutants désirent avec enthousiasme. Pour atteindre cet objectif, beaucoup d'entre eux risquent de trader sans stop-loss. Lorsque les premières grosses pertes se produisent, c'est alors qu'ils réfléchissent plus sé-rieusement à utiliser des stop-loss.

Cela ne signifie pas que ce trader a vraiment accepté les stop-loss. Il les accepte avec une certaine mauvaise humeur. Vous remarquerez cela surtout parce qu'il fait tout pour que le stop-loss ne soit pas atteint. Souvent, les mêmes traders réalisent un peu de profit dès qu'ils peuvent voir une position dans le vert. Il se disent : mieux vaut un petit béné-fice dans sa poche que rien.

Toutes ces mauvaises habitudes sont une con-séquence de la non acceptation des stop-loss. Le trader les utilise cependant, surtout parce qu'il a été forcé, mais dans son esprit, il déteste les stop-loss parce qu'ils conduisent inévitablement à perdre des trades et ce, à plusieurs reprises.

Seulement peu à peu, l'idée mûrit que le trading a très peu à voir avec « vouloir toujours être sur le marché ». Le trading est une entreprise comme toute autre - c'est-à-dire qu'il y a des bénéfices et des dépenses et, espérons-le, les bénéfices sont supérieurs aux dépenses à la fin de l'exercice. C'est-à-dire que l'art de la gestion d'une entreprise est de maintenir les coûts aussi bas que possible et d'optimiser les bénéfices ou de les accroître grâce à l'expansion de l'entreprise.

Ce n'est pas différent lors du trading. Puisque le trading est une entreprise, il y a des gains (trades gagnants) et des coûts (trades perdants, commissions, matériels, loyers et salaire horaire du trader...). Étant donné que les trades perdants représentent la plupart des coûts, nous parlons également à juste titre des « coûts de fonctionnement ». En d'autres termes, perdre des trades fait partie de nos coûts principaux. Ils sont nécessaires pour pouvoir participer à l'activité sur le marché.

Celui qui comprend et voit la perte des trades comme simple « coût » pour participer au jeu économique ou au marché boursier, commence peut-être à constater que perdre des trades n'est pas une chose aussi mauvaise que vous souhaiteriez bannir de votre vie de trading.

Au contraire : ils sont la condition pour pouvoir participer et fait donc partie intégrante de notre système de trading. Celui-ci serait donc ridicule sans perdre des trades. Par conséquent, il serait complètement absurde de vouloir les bannir.

Une fois que le trader a internalisé cette idée, la prochaine étape de comprendre le trading comme un jeu de probabilité n'est pas loin, car au fond, c'est ce qu'il est. Le trader est semblable à l'entrepreneur dans le secteur de la vente au détail, qui est évidemment préoccupé par la qualité, mais qui essaie par une certaine politique de prix de maintenir ses coûts aussi bas que possible.

De même, le trader devrait faire tout son possible pour que ses pertes soient aussi faibles que possible. Je vais expliquer ceci dans la 1e partie de ce livre. Bien sûr, la 2e partie concernera la façon dont les stop-loss peuvent nous aider à maximiser nos bénéfices car ils le peuvent réellement.

Par conséquent, un trader réel regarde l'ordre stop-loss non pas comme inévitable, mais comme son ami, debout à côté de lui dans la gestion de ses positions. C'est aussi l'attitude d'un trader professionnel ou institutionnel et cela n'exige aucune autre explication, enfin espérons-le...

Qu'est-ce qu'un ordre stop-loss ?

Un ordre stop-loss (aussi ordre pour limiter les pertes) est un ordre qui ferme automatiquement la position lorsqu'un certain prix est atteint. Si un trader accompagne une position longue ou acheteuse (ou une position vendeuse pour les positions courtes) par un ordre stop-loss, il reflète qu'il n'acceptera pas une perte illimitée qui pourrait être associée à la position.

Cette mesure appartient aux bonnes habitudes de trading et je recommande à chaque trader de développer cette habitude afin d'exploiter cette entreprise à long terme. On pourrait considérer le stop-loss comme une sorte d'instinct naturel du trader. En fin de compte, l'instinct de survie est présent chez presque tous les individus. Cela s'applique avant tout aux traders responsables qui devraient le considérer comme leur principale tâche de protéger et d'obtenir le capital de trading.

L'**ordre stop-loss** ne signifie rien d'autre qu'un contrat, une action ou une paire de devises est vendu au prochain prix négociable une fois que le marché atteint un niveau de prix prédéfini. Avec le stop-loss simple, un ordre de vente au marché illimité sera généré (dans le cas d'une position longue).

Certains courtiers proposent également des **ordres limite stop-loss**. Dans ce cas, la position ne sera vendue qu'au prix limite spécifié. Cela peut être un avantage dans certains cas car avec le stop-loss simple, la position est souvent vendue à un prix pire que celui que montre l'ordre stop-loss.

Cependant, l'inconvénient de cet ordre limite stop-loss l'emporte de loin sur l'avantage. Dans le pire des cas, le marché dépasse en un mouvement rapide la limite fixée et il n'y a pas d'exécution. Dans ce cas, la position est exposée à un risque illimité, une condition que tous les traders devraient éviter à tout prix.

Certains courtiers offrent également des **ordres stop-loss garantis**. Le courtier garantit de fermer la position exactement au prix souhaité. Par conséquent, il reflète le risque de compensation et assume les coûts pour le cas où l'exécution était bien inférieure ou supérieure au prix stop-loss ciblé. Cela peut, dans de rares cas, être un avantage pour le trader, surtout lorsqu'il s'agit de mouvements extrêmes sur le marché.

Ce « service » n'est évidemment pas gratuit. Soit le client paie pour ce service une petite taxe, soit le courtier exige un spread plus large (soit une plus grande distance entre le prix d'achat et le prix de vente). En outre, le trader devra accepter une plus grande distance entre le prix d'entrée et le stop-loss pour obtenir un ordre stop-loss garanti.

Bien que cette sécurité supplémentaire ne soit peut-être pas une option pour les day traders et les scalpeurs, il pourrait s'agir d'une alternative judicieuse qui vaut la peine d'être prise en considération par les swing traders qui ont souvent des trades pendant plusieurs jours et semaines.

En tant que swing trader, il n'est généralement pas question de savoir si vous achetez l'EUR/USD à 1,1210 ou 1,1212. Bien sûr, 1,1210 est un meilleur prix si vous souhaitez acheter. Mais si je peux dormir sur mes deux oreilles parce que mon courtier paie la différence, si cela arrive avec un mouvement de nuit extrême sur l'EUR/USD ou le week-end, alors je suis prêt à payer un prix « pire » ou moins avantageux.

La gestion des stop-loss

Je voudrais couvrir dans cette 3e partie de la série « Le Swing Trading Avec Le Graphique En 4 Heures » le thème central de la gestion des stop-loss car c'est ce qui décide finalement si une entreprise de trading est réussie ou non. Il est bien connu que les investisseurs privés sont engagés dans l'analyse du marché dans 90% du temps et dans même pas 10% du temps concernant la question du risque potentiel d'un trade.

Pour les traders institutionnels, ce ratio est inversé. Les professionnels sont en principe des gestionnaires de risques. Ils doivent l'être parce que leurs clients et financiers sont là immédiatement s'ils estiment que le fonds dans lequel ils ont investi n'est même pas en mesure de préserver son capital, et encore moins de se développer.

Maintenant, le capital de trading d'un investisseur privé est généralement plus gérable que le capital d'un investisseur institutionnel qui utilise souvent des modèles de risque complexes pour gérer l'argent des clients. Par conséquent, conclure qu'un trader privé avec la règle simple de 1% a fait assez en ce qui concerne la gestion des risques, cela me paraît être une pensée un peu trop restreinte.

La règle de 1% stipule qu'un trader ne devrait jamais risquer plus de 1% de son capital par trade. Si un trader dispose par exemple d'un capital de 10 000 $, le risque par transaction ne devrait jamais dépasser 100 $. Cela semble évident mais cela dépasse le cadre de notre sujet actuel.

La capacité de calculer correctement la distance entre le prix d'achat et le stop-loss est importante - ce n'est que le début du processus que j'appelle la gestion des stop-loss. C'est à son tour une partie importante de la stratégie de sortie, l'arbitre final du succès ou de l'échec sur le marché boursier. De plus, ici, l'investisseur privé est malheureusement principalement le sujet du professionnel expérimenté.

Les professionnels ont généralement des stratégies de sortie sophistiquées et définies avec précision. Les investisseurs privés agissent surtout avec émotion concernant ce sujet. Si la position est gagnante, ils aiment prendre ce gain - bien que ce ne soit souvent pas une raison objective de le faire.

Si la position est et reste en perte et approche même de l'ordre stop-loss, les amateurs restent habituellement passifs et tombent en mode « espoir » bien connu : le « marché » pourrait se retourner. Ainsi, ils donnent au monstre, qu'ils appellent « marché », un pouvoir infini sur eux comme s'ils y étaient exposés sans condition.

Quiconque examine de plus près ce comportement (j'ai appartenu à ce groupe moi-même pendant des années) note que la plupart des traders privés accordent trop d'importance au soi-disant « marché » (et à son analyse). Pour eux, ce phénomène insaisissable appelé « marché » semble être un monstre indomptable auquel ils semblent être livrés complètement. Les récriminations et même la colère sont des sentiments qui peuvent résulter très rapidement d'une telle attitude. Je connais ça trop bien quand je regarde en arrière sur ce que j'appelle « ma période de trader en tant que bleu ».

Le traitement misérable, pour ne pas dire **la non-existence d'une stratégie de sortie**, est la preuve que la plupart des traders entrent en bourse avec l'intention d'être massacré. Cela semble dramatique mais cela correspond à l'attitude intérieure de beaucoup de traders, ce qui est malheureusement confirmé par les statistiques de succès. Personne ne connaît exactement les chiffres mais quiconque croit que 90% des traders perdent, appartient aux optimistes les plus incorrigibles.

Les courtiers n'aiment généralement pas sortir avec ces chiffres. Lorsqu'ils sont questionnés avec un peu de pression, vous obtenez habituellement des réponses vagues. « Nous n'avons pas de statistiques sur cette question » est toujours l'une des variantes les plus inoffensives de leurs excuses. Il est compréhensible qu'ils soient très réticents. Toute forme de transparence à cet égard nuit à leurs affaires.

Le nombre réel de perdants pourrait probablement atteindre le niveau de 100%, en particulier avec les courtiers spécialisé dans le Forex. À long terme, seul un pourcentage des traders semble survivre. Pourquoi en est-il ainsi ? Pourquoi l'acti-vité de trading est-elle si difficile et qu'un petit groupe de personnes semble avoir un succès du-rable ?

La plupart des traders échouent eux-mêmes. Comme c'est souvent le cas de l'analyse. La plupart des personnes ne sont pas préparées psychologi-quement ou suffisamment formées pour relever ce défi. Les pertes à plusieurs reprises et les phases de drawdown (pertes maximales) s'habituent finale-ment à la psyché des traders. Le trader commence à faire des erreurs, il prend trop de risques pour compenser les pertes, ce qui rend le tout encore pire. Un jour, l'argent a simplement disparu.

Je suis certainement parmi ceux qui accueillent l'argument psychologique. Il est vrai que la plupart des traders échouent car il y a un manque de disci-pline, de cohérence et de persévérance. Il y a un manque de presque tout. Cependant, il existe surtout un grave manque de compréhension de ce qu'est actuellement le trading : un jeu de probabilité.

À mon avis, cet aspect est quelque peu sous-exposé dans la littérature pertinente concernant le trading. Au cours des dernières années, de nombreux coachs de trading ont émergé pour faire un bon travail avec une connaissance approfondie de la psychologie. En outre, en tant que trader, si vous avez le sentiment que vous pourriez avoir des déficits ici, je ne peux que recommander que vous soyez formé par un coach de trading.

Je ne vais pas aborder ce sujet dans ce livre. J'aimerais plus présenter un modèle de risque qui permet au trader d'exécuter sa propre gestion des stop-loss de manière efficace. Ce modèle convient également à l'idée que le trading est en effet un jeu de probabilité.

Jouez votre propre jeu

Chaque stratégie de trading est basée sur certaines hypothèses sur la manière dont les marchés financiers fonctionnent et sur la manière d'opérer en tant que trader. Ces hypothèses peuvent être formulées explicitement ou impliquent implicitement ce sur quoi la stratégie est basée. Un trader, qui choisit le suivi de tendance comme stratégie de base, fonde son travail sur l'hypothèse explicite que la plupart des marchés évoluent dans des tendances durables. Si vous vous sentez de cette façon, il est logique que vous essayiez de suivre ces tendances aussi longtemps que possible.

Derrière ce marché spécifique, l'acceptation est une nouvelle couche (surtout inconsciente) et je pense que cela vaut la peine d'examiner cela plus en détail. Cette couche touche le cœur du thème du « succès » et quiconque ne s'occupait que de la littérature sur le succès aborderait cette question.

Tous les entraîneurs ayant du succès insistent sur l'importance du bon état d'esprit que vous devez avoir pour réussir. Il s'agit de la façon dont nous pensons le monde et, par conséquent, à la façon dont nous regardons le monde. En termes de trading, la vision du monde de la plupart des traders ressemble à ceci : dehors, il y a des dizaines de milliers d'autres traders qui sont tous mes adversaires et qui n'ont qu'une seule chose à laquelle penser : obtenir mon argent.

Ce modèle semble banal mais c'est l'hypothèse de base de la plupart des traders que je connais. Pour eux, le monde (le monde en dehors d'eux-mêmes) est un lieu hostile que vous ne pouvez conquérir que par des tactiques intelligentes pour sécuriser un morceau du gâteau.

Dans ce modèle, il y a un « je » (le trader) qui entre dans le monde (opérant en bourse) dans l'espoir que par une conduite intelligente et habile, il puisse diriger une partie du flux de trésorerie vers son propre compte. En conséquence, le trader qui le pense est toujours dans une sorte de mode de défense. Ses actions sont toujours réactives. Si le marché (le monde extérieur) fait cela, il réagit comme ça. Le marché le fait, il réagit comme ça.

C'est un peu comme s'il était dans une lutte constante avec un adversaire fictif et il ne le sait même pas. Il ne voit que ses traces comme des lignes ou des bougies, le graphique dessiné devant ses yeux sur l'écran.

Ce modèle correspond à une pensée qui transforme le monde en une réalité sujet-objet. D'une part, il y a le « je » qui identifie un trader qui va dans le « monde » pour y faire des conquêtes dans l'espoir de rentrer à la maison avec un gros butin.

Ce modèle correspond aux hypothèses des sciences classiques sur lesquelles, finalement, nos sociétés modernes sont construites. C'est la façon dont nous avons été élevés à l'école et, par conséquent, cela détermine massivement la façon dont nous regardons « le monde ».

Maintenant, je suis la dernière personne qui soutiendra que ce modèle est faux. Au contraire, c'est très réel et détermine notre vie dans presque tous les domaines. Le seul problème est que ce mode de pensée n'est pas très utile si nous opérons sur le marché boursier. Parce que, si vous agissez en bourse avec ce rationnel, vous vous verrez rapidement (souvent inconsciemment) comme victime de pouvoirs supérieurs, notamment lorsque les

choses ne vont pas aussi bien que vous l'avez es-
péré.

Il est impératif qu'en tant que trader, vous ne
prenez jamais la position de « victime ». Au contraire, en tant que trader, vous devriez toujours
avoir un contrôle total sur vos actions. Vous devriez
dès le début être « le Maître du jeu » et en rester
là.

Pour atteindre cette qualité, vous aurez besoin
d'une philosophie différente, d'une manière de
penser différente - une qui correspond aux circonstances d'un jeu de probabilité. Parce que le trading
n'a - je dois le dire très clairement - rien à voir avec
les taux de change, les banques centrales, les
hedge funds, les algorithmes et tout ce que votre
cerveau aime inventer concernant tout ce qui est «
dehors ».

Le trading est un jeu auquel vous jouez uniquement avec vous-même. Je répète cette phrase : **le trading est un jeu que vous jouez avec vous-même.** Le trading n'est rien d'autre qu'une série de trades que vous effectuez sur la base de vos propres règles auto-imposées sur le marché.

En d'autres termes : si vous voyez le trading comme tel quel, vous avez le meilleur avantage car vous êtes celui qui fait les règles avant même le début du jeu. Vous pouvez choisir comment le jeu doit se dérouler. De plus, ce qui est important, vous pouvez déterminer quand le jeu commence et quand il se termine !

Avez-vous déjà vu ou connu de tels avantages dans un jeu de société auquel vous jouez avec des amis ? Probablement pas. Vos amis ont tous les mêmes opportunités au début du jeu. Si vous avez besoin de concourir, faites-le avec vos amis lors d'une rencontre sociale, sur le marché boursier vous n'avez aucun concurrent. Vous pouvez décider ce à que vous voulez jouer, comment vous voulez y jouer, de la fréquence et de la fin du jeu. Avez-vous déjà eu de tels avantages ?

Pourtant, la plupart des gens qui se rendent sur le marché boursier perdent, et ce malgré cet énorme avantage. N'est-ce pas incroyable ?

Vous ne pouvez que gagner ce jeu si vous croyez également que vous jouez avec vous-même et avec vos propres règles. C'est seulement alors que vous allez réussir : si vous êtes convaincu que vous êtes seul et qu'il n'y a personne qui empêche votre succès. Avez-vous cette conviction ?

J'ai eu cette conviction quand j'étais enfant. Dans le sous-sol de notre maison, nous avons fait une partie de baby-foot. Chaque fois que je m'ennuyais, je descendais dans la cave et jouais avec moi-même. J'ai choisi un ennemi fictif contre lequel je voulais jouer. J'avais besoin d'un ennemi fictif sinon le jeu aurait été ennuyeux. Ensuite, j'ai commencé à jouer. De temps en temps, j'ai laissé mes adversaires marquer un but, alors mon jeu restait excitant, mais à la fin, j'étais toujours celui qui gagnait le jeu. J'ai toujours gagné, parce que c'est moi, et moi seul, qui faisait les règles. Vous comprenez ?

C'est la même chose lorsque vous investissez en bourse. Essayez de le faire tout comme l'enfant que j'étais autrefois. Dites-vous : je commence à jouer mais d'abord je fais les règles. Après tout, vous êtes « le Maître du jeu ».

Les règles auxquelles vous avez réfléchi sont bien sûr basées sur certaines hypothèses que vous avez faites avant le début du jeu. Parce que vous avez seulement besoin d'un petit avantage « statistique » pour pouvoir gagner le jeu sur le long terme. Si vous n'avez pas déjà installé ce petit avantage statistique dans vos règles, vous ne pouvez pas gagner votre propre jeu. Ensuite, vous vous êtes battu pour ainsi dire.

Les opérateurs de casino le savent également. L'avantage statistique d'un casino est de 1%. Cela semble petit mais c'est suffisant au casino pour faire des millions de profits chaque année. Année après année. Les opérateurs de casino savent qu'ils perdent dans 49% des cas contre leurs clients. Vous pouvez les voir quitter le casino avec un sourire sur leur visage et un gros cigare.

Cependant, l'opérateur de casino qui observe sur les caméras l'agitation de ses clients et voit le gagnant du jackpot qui sort du bâtiment avec son cigare sourit également. Parce qu'il sait que pour chaque gagnant du jackpot, il y a des milliers de perdants qui perdent quotidiennement leur trésor. Grâce au petit avantage statistique, il reste le « Maître du jeu ». Après tout, c'est lui qui empoche un butin très riche à la fin de l'année financière et non le fumeur de cigares.

En tant que trader, vous devez vous familiariser avec la mentalité et la pensée d'un opérateur de casino. Vous devriez dire : soit de temps en temps, quelqu'un quitte la maison avec un gros cigare mais je gagnerai à la fin de la journée, parce que :

A. Je comprends le jeu car je l'ai conçu moi-même.

B. Je gagne toujours le jeu parce que j'ai installé un petit avantage statistique dans les règles.

Qui a une telle pensée et une telle mentalité sur le marché boursier ? Qui peut battre cet homme (ou cette femme) ? Personne ! Parce que cette personne n'a pas d'adversaire sauf lui-même. Mais puisque cette personne connaît très bien son adversaire (car c'est lui-même) et a donc formulé des règles très claires avec lesquelles il joue et avec lesquelles il peut se surperformer lui-même, cette personne gagne à maintes reprises. Il a peut-être des jours faibles, mais en fin de compte, il maîtrise le jeu qu'il a conçu et gagne.

Maintenant, comprenez-vous pourquoi il est si important de formuler des règles d'entrée et de sortie claires avant même de commencer ? Celles-ci doivent ensuite être exécutées de manière disciplinée pendant le jeu. Sans ces règles, vous ne réussirez jamais parce que vous laissez les « autres » entrer dans votre jeu et c'est ce qui vous fera échouer. Il est donc impératif que vous établissiez votre propre philosophie de trading dans laquelle vous êtes le seul propriétaire du jeu, le seul joueur, et finalement celui qui sort victorieux à la fin.

Personne ne devrait s'immiscer sur vos graphiques, quoi qu'il arrive. Tout cela est beaucoup moins important que vous ne le pensez. En bout de ligne, vous jouez toujours à votre jeu et vous ne vous en éloignez jamais.

Néanmoins, pour jouer VOTRE jeu, vous devez avoir développé un jeu en premier lieu et il doit ressembler à un véritable jeu. Alors que plus de 90% des traders ne possèdent pas leur propre jeu.

Pour dire : je trade telle ou telle configuration, je place mon stop-loss afin que je ne perde que 1% et je prends un profit dès que je pense que c'est suffisant.

Pour un vrai jeu de trading que vous développez pour vous-même, il faut tout décrire et tout formuler afin que vous puissiez le montrer un jour à vos amis.

Vos amis ne pourront y jouer que lorsque les règles seront clairement définies, de préférence par écrit, de sorte que chaque participant puisse les lire et les comprendre. S'il n'y a ne serait-ce qu'une seule zone d'ombre ou une règle qui peut être interprétée de manière différente, vos amis peuvent refuser de jouer au jeu avec vous. Ils vous diront : Oh, revenons au jeu de la semaine dernière et jouons à ça. Ici, les règles sont claires et tout le monde les connaît. Ainsi, il n'y a pas de conflits.

Pouvez-vous voir que tant que vous n'avez pas clairement défini et formulé un tel jeu pour vous-même, vous ne savez pas ce que vous faites. Vous effectuez simplement des trades sur le marché boursier.

Cela peut avoir un certain attrait pour les débutants, surtout lorsque votre argent est en jeu et qu'ils ne l'ont jamais fait. Toutefois, vous vous rendrez éventuellement compte que seul « effectuer des trades sur le marché boursier » n'a pas nécessairement pour conséquence de réellement faire de l'argent.

Toute forme pour faire de l'argent concerne TOUJOURS une sorte d'avantage statistique, peu importe le jeu auquel vous rêvez. En plus, il s'agit surtout d'avoir des règles clairement définies. Je veux illustrer cela avec un exemple connu pour que vous compreniez avec précision ce que je veux dire.

Tout le monde connaît la chaîne de cafés **Starbucks**. Pas étonnant car Starbucks est représenté presque partout dans le monde et la chaîne a souvent plusieurs branches dans les grandes villes. Maintenant, Starbucks n'est certainement pas l'inventeur du café. Bien avant que Starbucks n'arrive sur le marché, il y a eu de beaux et originaux cafés partout dans le monde. Vous avez juste besoin d'aller à Vienne en Autriche pour comprendre ce que je veux dire.

Maintenant, lorsque Starbucks a pris la main pour conquérir le monde, les fabricants ne se sont pas dits « oui si nous allons à Vienne, nous devons mettre notre magasin local en style viennois, sinon les gens de Vienne ne boiront pas notre café ». Si nous allons à Paris, nous devrons ouvrir un café dans un style parisien. Il en va de même pour New York, Seattle, Canberra ou toutes autres grandes villes.

Si vous connaissez Starbucks, vous savez que les fabricants de cette chaîne n'ont rien fait de ce genre. Un Starbucks à Vienne, à Paris ou à New York ressemble à celui que vous pouvez trouver à Bruxelles, à Francfort ou à Londres. Les mêmes variétés seront servies, les gens du service vous accueilleront de la même manière et tout ce qui tourne autour du café fonctionne de la même manière dans tous les 23 768 cafés Starbucks (2016).

En tant que café gourmet, vous pourriez le critiquer en disant que le Café Landtmann ou le Café Sperl à Vienne sont beaucoup plus chers (moi aussi !) Néanmoins, vous ne pouvez pas dire que Starbucks ne réussit pas avec sa stratégie. Starbucks a tellement réussi qu'il est devenu une société cotée en bourse avec une capitalisation boursière de 84 milliards de dollars US.

Ce n'est pas le cas pour Café Landtmann et le Café Sperl à Vienne. Ces cafés traditionnels réussissent à leur façon. Landtmann joue juste le jeu Landtmann tandis que Starbucks joue au jeu Starbucks.

En outre, Starbucks joue ce jeu de la même façon peu importe les circonstances, même en Mongolie. Peu importe le folklore ou les circonstances locales, ou encore les « conditions de marché » qu'ils rencontrent. Starbucks joue toujours le jeu de manière « Starbuck ». Bien que la concurrence locale soit parfois énorme comme à Vienne, ce qui est réellement incomparable en termes de cafés. Starbucks ne s'en occupe pas. Starbucks n'a tout simplement pas établi une version viennoise de Starbucks, même pas là (j'ai bien regardé), il a la même forme que le Starbucks de Seattle.

En d'autres termes, Starbucks continue de jouer son propre jeu, peu importe les circonstances. En tant que trader, vous devriez faire de même. Tout trader qui a réussi progresse selon ce principe. Quelle est la différence entre les « méthodes » des traders individuels ? Ils jouent leur propre jeu, parce qu'ils savent par expérience qu'ils réussissent avec ces méthodes.

Maintenant, lorsque tant de traders différents avec tant de méthodes différentes réussissent, alors vous devriez finalement réaliser avec espoir que le succès sur les marchés n'a absolument rien à voir avec une méthode ou une stratégie particulière, ce que beaucoup de débutants semblent croire.

Il est vrai qu'après une période d'essai et d'erreur, chaque trader qui a réussi a développé sa propre méthode qui convient à sa personnalité. Cependant, il ne réussit pas en raison de cette méthode. Il réussit parce qu'il dirige sa méthode avec une discipline et une ténacité « Starbucks ». De plus, il le fait jour après jour, année après année.

Parce qu'il reste avec son jeu et ne s'écarte jamais de celui-ci. Après un certain temps, il est devenu le « Maître du jeu ». Il a sa place sur le marché boursier, que personne ne contesterait, car il est le seul assis sur le trône, personne d'autre.

Par conséquent, il n'est pas nécessaire de copier la méthode d'un maître à mon avis dans l'espoir que le succès s'adaptera à vous. Généralement, cela n'arrivera pas. Si vous tentez de copier Starbucks (certaines entreprises ont essayé), simplement parce que Starbucks a réussi, vous échouerez.

Si vous comprenez le principe de Starbucks et que vous concevez vos propres règles, celles qui vous conviennent, alors vous avez vraiment une chance sur le marché car cela a été démontré avec succès par d'autres chaînes de café.

Par conséquent, la trading fonctionne aussi. Bien sûr, vous pouvez apprendre d'un trader qui a réussi. Mais, vous n'apprendrez rien si vous copiez simplement sa méthode et l'appliquez pour vous-même. Vous apprendrez de lui si vous regardez comment il joue son jeu tous les jours, peu importe ce que font les banques centrales, ou quelles catastrophes peuvent avoir lieu sur le marché du pétrole ou sur les marchés boursiers. Ces événements sont juste là pour vous perturber et vous distraire de votre propre jeu.

Tant que vous pouvez toujours être distrait, vous vivez toujours dans le monde sujet-objet, donc dans le modèle qui nous a été enseigné à l'école et dans les universités, à savoir que nous, quand nous serons dans le monde, nous le ferons. Trouver d'innombrables concurrents que nous devons combattre, afin que nous puissions obtenir un morceau du gâteau. Je vais vous dire en toute honnêteté : cette pensée est une pure connerie.

Il n'y a rien là-bas. Rien du tout. Il n'y a que vous et VOTRE jeu. Si vous ne le croyez pas, essayez de continuer avec cet ancien style, je vous souhaite toute la chance du monde. Je veux simplement dire : d'après mon expérience, toutes les personnes qui ont réussi sur cette planète jouent leur propre jeu. Ils ont leurs propres règles grâce auxquelles ils vivent, jouent et se foutent de ce que les autres pensent ou disent, ou de ce que le marché leur dicte.

Couper vos pertes...

Vous rencontrerez à plusieurs reprises le terme « trade gratuit » dans la littérature sur le trading. Qu'est-ce que je veux dire par là ? C'est une position que vous avez ouverte et qui est hors risque. C'est-à-dire qu'avec ce trade, vous ne pouvez plus faire de pertes, seulement des bénéfices. Cette situation se produit lorsque vous avez mis votre stop-loss au niveau du coût, donc sur le niveau de prix de l'ouverture de la position.

À partir de ce moment, vous ne permettez pas au trade d'influer sur la perte. La pire chose qui peut arriver maintenant, c'est que le marché revienne et que votre stop-loss soit activé. Cependant, puisque votre stop-loss est au niveau du coût, vous ne gagnerez pas dans ce cas, mais vous ne perdrez pas non plus. Le résultat est zéro (breake-ven point).

Maintenant, tous les traders ambitieux connaissent la règle d'or du trading : coupez vos pertes et laissez courir vos gains. C'est dans chaque livre de trading et tout le monde prend la phrase comme telle. Vous le savez et c'était tout.

On regarde à peine cette phrase plus attentivement et on pense encore moins à tous les efforts nécessaires pour la mettre en pratique. Dans les portefeuilles de nombreux investisseurs, les positions sont parfois détenues pendant des mois voire même plus longtemps. Elles n'ont aucun gain ou à peine. Pour ce bénéfice minimal ou cette perte minimale, une grande perte peut toujours s'accumuler.

L'argument des adeptes de cette méthode est que vous devez donner une certaine marge de manœuvre pour que le marché puisse respirer. (Techniquement parlant, il faut prendre en compte la volatilité naturelle du marché, puis ajuster votre stop-loss).

Il semblerait que la mentalité de victime susmentionnée soit à nouveau présente. Ici, quelqu'un ne joue pas son propre jeu mais laisse à la « fluctuation naturelle ou la volatilité » le soin de déterminer si et combien il perdra. Cette mentalité n'est pas la favorite de mon approche car je pense qu'il faut que je détermine les règles du jeu en tant que trader et que je ne joue qu'exclusivement d'après mes règles.

Tout trader expérimenté sait que plus le trading est en perte, moins il est probable qu'il lui donne un profit. Si tel est le cas, j'ai décidé de mettre en place **un composant temporel dans ma gestion des stop-loss**. Lorsqu'une position n'est pas rentable après un certain temps prédéterminé, le risque doit être réduit ou la position doit être fermé.

Cela semble rigoureux mais cette mesure est conforme à la 1e partie de la règle d'or du trading. Cela dit que je devrais tout faire pour limiter mes pertes. Si je sais que les positions qui n'ont pas dépassé le point de rentabilité après un certain temps, ne le feront vraisemblablement pas dans le futur, pourquoi donc est-ce que je voudrais maintenir cette position ouverte. Cela ne joue que sur mes nerfs.

Il appartient aux bonnes habitudes de trading de réduire considérablement les positions perdantes ou même de les fermer lorsque vous pensez qu'après un certain temps vous allez perdre de l'argent.

Quelle est la règle concernant le temps ici ?

Cela dépend de l'unité de temps avec laquelle vous tradez. En tant que swing trader avec un graphique en 4 heures, vous ne devriez pas vous inquiéter après 5 minutes lorsque votre position n'a toujours pas dépassé le niveau de rentabilité. Si la position est encore en perte après 24 heures (soit après 6 bougies sur le graphique) et ne va nulle part, vous devriez sérieusement réfléchir à la façon de réduire le risque.

Si vous êtes un day trader et que vous travaillez avec un graphique en 5 minutes et que votre position est toujours en perte après 30 minutes (6 bougies), alors vous devriez réfléchir à minimiser les risques.

Une bonne mesure consiste **à rapprocher le stop-loss initial du marché actuel**. En faisant cela, vous risquez bien sûr que le stop-loss soit atteint par le marché, mais la perte sera plus petite. Si le marché se déplace ensuite dans la direction souhaitée, vous avez toujours fait le bon choix. Si le marché ne fait pas cela et que votre stop-loss est touché, vous avez également fait le bon choix ici. Vous subissez une perte, mais au moins vous avez tout fait pour minimiser cette perte. C'est ce que j'appelle la gestion active des stop-loss.

Un trader, qui joue son propre jeu, pratique une gestion active des stop-loss. Il n'attend pas d'être victime d'un contre-mouvement volatile du marché. Il se dit : jusqu'à là et pas plus loin.

La 2e façon de **minimiser les risques est de réduire la position en elle-même**, ce qui est possible dans la plupart des cas. Si vous tradez des actions, vous vendez la moitié ou un tiers de vos actions. Si vous tradez sur le Forex, vous pouvez fermer la moitié de votre position. La mesure ne fonctionne pas si vous tradez des contrats à terme car votre position n'est qu'un seul lot (1 contrat). Vous ne pouvez pas diviser un contrat.

C'est la raison pour laquelle certains traders ont l'opinion (et je partage cette opinion) que les traders qui échangent uniquement avec un seul contrat tradent de manière sous-optimisée car ils se limitent dans leur action.

Si vous faites du swing trading en utilisant le graphique en 4 heures et que vous achetez, par exemple, 2 futures mini-DAX, vous pouvez vendre l'un d'entre eux, si votre position n'est pas profitable après 24 heures.

Lorsqu'après une certaine période, une position ne dépasse pas le point de rentabilité, cela signifie simplement que votre hypothèse concernant le développement futur du marché était erronée. Ni plus ni moins. Même si vous avez fait une analyse approfondie du marché, vous devez savoir que votre entrée est toujours soumise à des changements aléatoires. En conséquence, votre stop-loss est également soumis à des changements aléatoires.

Pourquoi est-ce que le « marché » devrait augmenter, juste quand vous l'avez acheté ? C'est une opinion arrogante pour ne pas dire mégalomane, n'est-ce pas ? Comme « si le monde entier vous attendait pour enfin acheter afin que le mouvement puisse commencer ».

La vérité est que dans le marché boursier, vous tradez une marche aléatoire. À tout moment, tout peut arriver (et son contraire). Il faut que cela soit clair pour vous et vous comprendrez enfin que c'est simplement un souhait d'enfant de vouloir que votre analyse soit correcte et de penser que le marché doit s'y conformer.

En outre, c'est pourquoi, en tant que trader, vous devriez élaborer des règles claires sur la manière dont vous allez gérer le risque. Vous décidez lorsque vous achetez et vendez. Si vous ne le faites pas, l'activité du marché vous détournera et vous ne comprendrez plus le monde. Croyez-moi, je parle vraiment de ma propre expérience.

...Et laissez courir vos gains

Jusqu'à présent, nous avons discuté de la 1e partie de la règle d'or du trading : coupez vos pertes. Maintenant, il y a aussi la 2e partie : laissez courir vos gains. Ici, je pense que beaucoup de traders n'écoutent pas vraiment. Je répète la règle : laissez courir vos bénéfices !

En d'autres termes, si nous, en ce qui concerne la 1e partie de la règle, faisons tous les efforts possibles pour minimiser nos pertes, nous devons respecter la 2e partie pour faire en sorte de laisser courir nos bénéfices.

Si, en ce qui concerne les pertes, je suis extrêmement rigoureux et je clôture une position perdante aujourd'hui plutôt que demain : je suis extrêmement patient et généreux quant à mes positions gagnantes. Il n'y a pas d'erreur, vous lisez bien ce que j'ai écrit : généreux et patient.

Pourquoi ?

Le point de rentabilité est pour moi comme une sorte de limite magique. En plus, je suis sûr que tous les traders connaissent cette limite. Tant qu'une position est sous l'eau, je me sens mal à l'aise. Je n'aime pas ça car je sais que je perds de l'argent et plus j'attends, plus je perds. Par conséquent, je suis stricte concernant mes positions perdantes.

Cependant, dès que la position passe au-dessus du point de rentabilité, je commence à me détendre. Je sais que cet investissement commence à payer. Cependant, je ne suis toujours pas calme parce que la position est toujours en risque. Alors que la direction du trading semble être juste, je sais que le marché peut se retourner à tout moment et que ma position peut retomber en perte.

Néanmoins, il appartient également aux bonnes habitudes de trading qu'une fois qu'une position devient rentable, je commence à réduire le risque. Je vais commencer à déplacer l'ordre stop-loss vers le niveau de rentabilité. En d'autres termes, les gains cumulés permettent de minimiser le risque.

Par exemple, nous pouvons prendre une position longue sur le Dow Jones. Supposons que vous êtes un swing trader et que vous avez acheté le Dow Jones à 17 000 points. Votre stop-loss initial est de 200 points, il est donc placé à moins de 16 800. Supposons maintenant que le Dow s'élève à 17 100, cela n'a pas de sens de laisser le stop-loss à 16 800 points. Dans ce cas, je vais mettre mon stop-loss à 16 900 points (malgré les considérations techniques du graphique). Je mets un stop-loss à ce niveau parce que c'est ma règle. Comprenez-vous ?

Si le Dow continue de monter pour atteindre 17 200 points, alors je suis dans une position confortable et je peux mettre mon stop-loss au seuil de rentabilité, donc à 17 000 points. C'est le meilleur des mondes. Pour l'instant, j'ai une position rentable qui ne peut plus se transformer en position perdante. Ainsi, je peux m'asseoir et regarder le développement ultérieur du trade. Alternativement, dans la langue de la règle d'or du trading : laisser courir mes gains.

C'est aussi ce que certains appellent un « trade gratuit ». Cela signifie que vous ne pouvez que gagner. Le pire qui vous arrive est que le marché se retourne, revienne au niveau de votre stop-loss et le déclenche. Dans ce cas, vous n'auriez rien gagné ni rien perdu non plus.

Maintenant, j'ai déjà dit que je suis généreux en termes de positions gagnantes. Je reste patiemment avec le marché et je lui donne de l'espace pour évoluer. Cela ne signifie pas que je n'ai pas de règles pour gagner des trades, je ne suis simplement pas aussi rigoureux que dans la perte de trades. Beaucoup de traders font malheureusement le contraire : ils sont rigoureux dans les trades gagnants (prendre des profits une fois qu'ils apparaissent) et sont infiniment patients avec des positions perdantes.

Par conséquent, j'essaie de faire exactement le contraire, ce qui va également dans le sens de la règle d'or et dans le sens de mon but.

En ce qui concerne la gestion des trades rentables, je distingue les trades par des objectifs de prix et des trades clairement définis qui reposent sur des mouvements plus importants (trades de tendance). Cette distinction est importante car elle suppose une gestion différente des stop-loss.

La gestion des stop-loss dans des marchés en tendance

Si vous prévoyez un mouvement plus important ou la poursuite d'une tendance plus large, vous voulez évidemment tirer le meilleur parti du trade. Le type classique stop-loss-réduction sur un marché en tendance est de placer le stop-loss dans chaque cas sous le dernier swing bas. Cette mesure est basée sur la **Théorie de Dow** indiquant qu'une tendance se caractérise par des points hauts de plus en plus hauts et des points bas de plus en plus hauts.

Cette approche semble logique à la base. Le trader garantit ainsi les bénéfices accumulés par une sorte de trailing stop. Malheureusement, cette méthode n'est pas non plus exempte d'erreurs, ce qui est illustré dans l'exemple ci-dessous sur l'E-Mini (future sur le S&P500).

E-Mini, graphique en 4 heures, Heikin Ashi

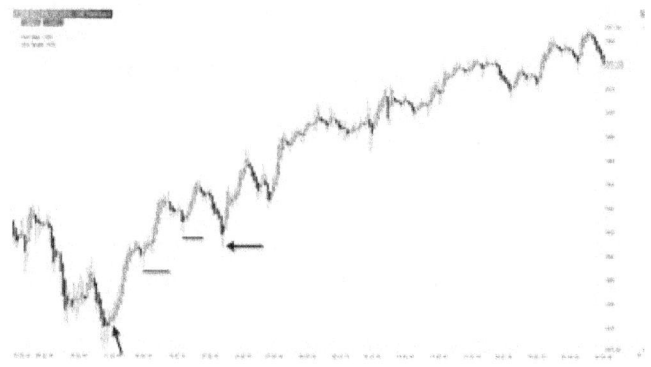

Supposons qu'après le double creux sur le S&P500 dès début de 2016, le trader soit entré en position longue (flèche). Son stop-loss initial serait donc, à l'ouverture de la position, légèrement en dessous du plus bas du double creux. Le marché commence à augmenter et, après 13 bougies blanches, il y a une première consolidation qui ne dure que brièvement. Le marché continue à aug-menter après quelques heures.

Le trader utilise le bas de cette consolidation pour sécuriser ses bénéfices et maintenant il pousse son stop-loss sous ce swing bas (première ligne horizontale ci-dessous). Le marché augmente de 9 bougies et la prochaine phase de consolidation se produit. Le trader l'attend et après le redressement du marché, il déplace son stop-loss au dernier plus bas de cette consolidation (2e ligne horizontale).

Le marché se reprend mais après 7 bougies blanches, il s'inscrit dans une consolidation qui dure cette fois plus longtemps, et qui va encore plus bas que la précédente. Le résultat est que le stop-loss du trader est déclenché et donc la position est hors du marché (flèche horizontale). Peu de temps après, le marché remonte de nouveau et après 11 bougies blanches, il atteint un nouveau sommet.

Enfin, dans les jours et les semaines qui suivent, le marché continue d'augmenter, et tout ce que fait le trader est l'expérience de la façon dont il a manqué d'énormes profits, bien que son jugement en ce qui concerne l'orientation du marché soit juste et qu'il ait été en position dès le début du mouvement. Il a été jeté hors du marché simplement par une courte correction temporaire, qui n'était même pas un retracement.

De nombreux traders ont cette expérience : leur analyse est correcte, ils font la bonne chose en ouvrant une position mais ils échouent dans la gestion des risques. Avec la recommandation classique « placez votre stop-loss sur le dernier swing bas », vous n'allez pas loin sur les marchés d'aujourd'hui. Trop de faux signaux déclenchent toujours les stop-loss et vous mettent hors du marché. Le Smart Money (l'argent intelligent) sait trop bien que les adeptes du suivi de tendance ont l'habitude de placer leurs stop-loss aux swing bas. En outre, il est trop tentant de les obtenir rapidement.

Dans mon expérience, la cause du problème de la réduction du stop-loss dans les marchés en tendance réside dans une mauvaise façon de penser sur la façon de trader sur ces marchés. On sait que de fortes tendances sont interrompues de temps en temps par de nettes corrections.

Si vous utilisez cette méthode démodée de la réduction des stop-loss, vous verrez à plusieurs reprises que le marché va vous arrêter. Par conséquent, vous serez arrêté au pire point de la tendance, même si la tendance n'est pas encore terminée.

Si vous prévoyez un mouvement plus important et que vous vous positionnez correctement, vous devriez plutôt donner de l'espace au marché pour qu'il puisse vraiment se développer. Comme je suis rigoureux tant que ma position reste en perte (je perds de l'argent !), je suis également généreux, une fois que la position est positive (je gagne de l'argent !).

Pourquoi couperez-vous le développement total de vos positions gagnantes dans de bonnes tendances par des stop-loss serrés ? Quelqu'un peut-il m'expliquer le but de cette mesure ? Si la 2e partie de la règle d'or du trading est de « laisser courir vos profits » alors vous devriez le faire. En tant que swing trader, vous pouvez tirer des bénéfices fabuleux avec un risque très gérable. C'est précisément l'avantage de ce style de trading.

L'argument des adversaires de cette philoso-phie, je le connais très bien. Ils diront : si le trader n'avait pas placé le stop-loss juste au-dessous du swing bas de la hausse, il aurait risqué l'annulation du mouvement à la hausse provoqué par le mar-ché. Il risquerait même une perte.

Cet argument ne doit pas être facilement rejeté. Ce scénario pourrait en fait se produire et cela se passera encore et encore. Cependant, il est connu que la plupart des traders ont plus peur de rame-ner les gains accumulés sur le marché pour réaliser des pertes réelles avec une position.

En outre, c'est précisément cette peur qui les tente à prendre des profits rapidement une fois qu'il y en a un peu ou de laisser le stop-loss suivre de près le prix actuel. Comme s'ils n'étaient pas certains que leurs positions gagnantes puissent continuer à évoluer. Ce n'est pas un comportement rationnel.

Mon argument est que de temps en temps, le marché revient et les traders connaissent les gains accumulés remis au marché. Cela fait partie du jeu que vous jouez avec vous-même. Néanmoins, vous obtiendrez très souvent des bénéfices très élevés en vous permettant de vous arrêter trop tôt, comme c'était le cas dans l'exemple de l'E-mini.

En d'autres termes, les profits perdus sont généralement beaucoup plus élevés que les profits occasionnels remis en cas de rechute du marché. Si le trader opte pour le trading des tendances, alors il devrait le faire correctement. Pour le dire avec un mot du mémorable investisseur hongrois André Kostolany : « Si porc, alors il faut goutter - et si marché boursier, cela doit en valoir la peine ».

Je le répète encore. Je suis rigoureux en ce qui concerne les pertes, mais je suis généreux comme une grand-mère avec ses petits-enfants, en ce qui concerne les bénéfices.

Ainsi, le point d'équilibre (break-even point) est la frontière magique où je suis soit relaxé (en cas de gain) soit nerveux (en cas de perte). Quand je suis de nouveau en gain, ma patience est presque sans fin (presque !). Cependant, tant que je suis en perte, je suis la personne la plus impatiente au monde. La plupart des traders se comportent de manière totalement contraire - désolé.

Cependant, il existe une 2e frontière après le point d'équilibre qui est encore plus importante : **le seuil de rentabilité.** Dès que je peux placer mon stop-loss au point d'équilibre, je me détends totalement car je ne peux plus perdre. Ce seuil devrait

être votre objectif principal en tant que swing trader. Ensuite, le plaisir peut commencer.

Tout ce qui précède le seuil de rentabilité
semble être un travail et une gestion rigoureuse
des risques et c'est vraiment le cas. Ce qui vient ensuite, c'est l'état, c'est pourquoi nous aimons le
marché boursier. Nous avons une position au bon
moment sur le bon marché et nous pouvons maintenant regarder comment cette position gagne de
l'argent alors que le temps croit. N'est-ce pas génial
?

Dans le cas de ces positions gagnantes dans les
marchés en tendances, le trader ne devrait-il pas
appliquer une sorte de protection pour ses gains ?
Bien sûr, il devrait exploiter une forme de protection de ses gains et, finalement, il doit réaliser ses
profits. Il est même très important qu'il ait finalement appris à dire « merci » et à sortir du marché.

Cependant, je voulais tout d'abord parler au trader de la peur irrationnelle de redonner tous les gains accumulés. Cela se produira parfois et vous ne pouvez pas l'éviter. C'est à mon avis bien pire si vous êtes arrêté trop tôt comme dans l'image 2 et que vous devez regarder tous les autres qui font la fête sauf vous.

Je veux que vous vous mettiez dans une humeur de grand-mère/petits-enfants pour ainsi dire, pour faire appel à votre propre générosité. Il suffit de donner à toute position gagnante l'air qu'il faut pour respirer/l'espace qu'il faut pour évoluer. Assurez-vous que vous pouvez mettre le stop-loss au point d'équilibre aussi vite que possible pour que rien ne vous arrive et que vous puissiez entrer dans un mode d'observation.

Qu'est-ce que je veux dire par là ? Chaque tendance a sa propre dynamique et sa logique interne.

Vous pouvez placer le stop-loss légèrement plus haut si votre position a un bon gain. Il n'y a rien de mal à ça mais ne mettez pas le stop-loss au dernier swing bas. Vous pouvez choisir l'avant-dernier swing bas. Si c'est sorti du marché, il y a quelque chose qui ne va pas avec cette tendance. Ensuite, vous devriez faire attention ou peut-être fermer la position. Vous pouvez l'acheter à tout moment si vous êtes convaincu que la tendance n'est pas ter-minée. Ici, rien n'est interdit.

Une alternative serait d'utiliser une sorte de trailing stop. Ce pourrait être un trailing stop ordi-naire comme dans l'exemple avec le Dow Jones. Dans ce cas, j'avais utilisé un trailing stop qui suit le prix à une distance de 200 points. Je recommande de bien choisir ce stop-loss de manière généreuse.

Image 3 : E-mini, graphique en 4 heures, Heikin Ashi

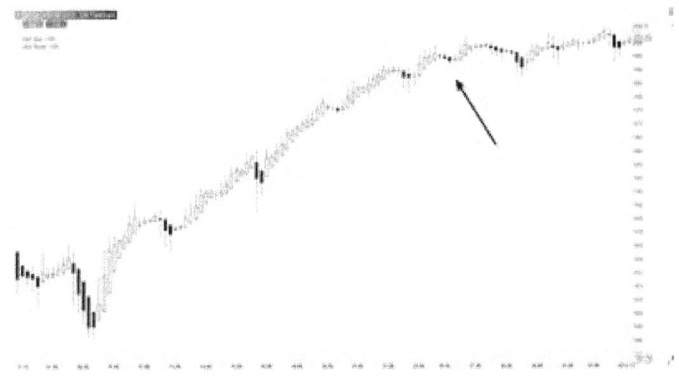

L'image 3, qui montre également le S&P500, est un exemple de 2014. Nous voyons une tendance à la hausse très forte. Les bougies Heikin Ashi sont à chaque mouvement vers le haut, toujours blanches, et les périodes de consolidation (habituellement après la fermeture du marché) sont courtes et presque insignifiantes. Les 4 premières vagues d'achat sont vraiment convaincantes. Dans un tel cas, vous pouvez vous asseoir en toute confiance et profiter du trajet.

Cependant, la 5e vague d'achat (flèche) n'est plus aussi convaincante. Après 4 bougies blanches, plusieurs bougies noires apparaissent et à la vague, cela se produit à nouveau. La tendance est clairement hors d'haleine. C'est la phase dans laquelle je recommanderais un trailing stop. C'est la phase finale de la tendance et il devrait être clair pour vous en tant que trader qu'à tout moment une correction pourrait se produire.

Dans cet exemple, les traders qui avaient une position longue étaient même chanceux, car, après que le marché ait atteint son sommet, il a continué à évoluer de manière latérale à un niveau très élevé. Avec une durée croissante, je placerai le trailing stop beaucoup plus près. Au départ à 30 points mais bientôt je changerai pour 20 points voire même 10. Finalement, votre ordre sera exécuté et vous n'êtes plus sur le marché.

J'espère que vous comprenez l'intention. Dans la phase finale d'une tendance, il s'agit toujours de conduire la récolte en toute sécurité dans la grange. Vous le méritez. Vous serez récompensé pour votre patience.

Vous obtenez cette récolte uniquement lorsque pendant la phase d'accumulation (début de la tendance) et dans la phase de momentum (ici la tendance est la plus forte, les bougies sont les plus importantes), vous avez placé votre stop-loss à une distance généreuse du marché actuel. Il n'est pas logique d'essayer de suivre une tendance forte avec un stop-loss serré. Laissez-le courir !

Aussi, n'essayez pas de deviner le haut de la tendance, vous ne réussirez pas en règle générale. Il vaut mieux avoir des règles claires pour que vous puissiez tirer le meilleur parti de chaque trade. Cela ne réussira pas toujours, mais de temps en temps, vous pourriez avoir un « home run ». En plus, cela fonctionne bien sur votre compte.

La gestion des stop-loss avec des objectifs de prix

Lorsque je travaille avec un objectif de prix clair, par exemple, si je trade un marché en range, il me semble peu utile de travailler avec un trailing stop. Regardez l'exemple ci-dessous sur l'EUR/USD.

Image 4 : EUR/USD, graphique horaire

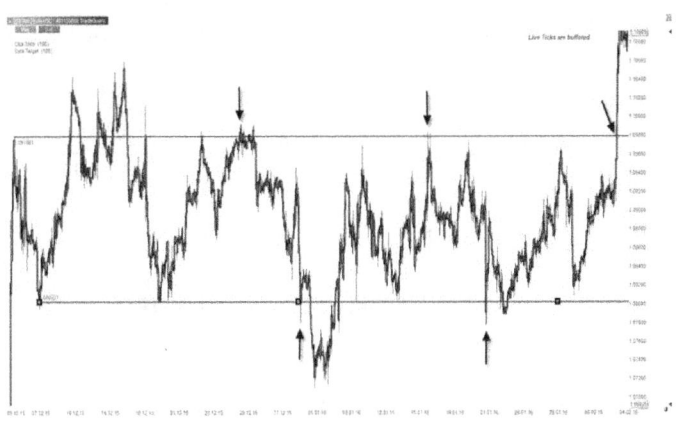

Un range devient alors visible lorsque les 2 lignes de délimitation sont touchées avec au moins 2 points de contact importants. C'est seulement alors que le trader peut identifier le range et le trader en tant que tel. Dans ce cas, 5 trades étaient possibles. 3 trades courts (flèches du dessus) et 2 trades longs (flèches du dessous).

C'est la nature d'un marché latéral que les acteurs acceptent plus ou moins le prix actuel. Bien sûr, il existe encore des fluctuations qui peuvent être exploitées par des traders habiles. Dans ce cas, je pouvais voir un range sur l'EUR/USD qui était d'au moins 180 PIPs. Comme vous pouvez le voir, il y avait aussi plusieurs faux signaux. Néanmoins, le marché est revenu en consolidation dans le range.

Contrairement aux marchés en tendances, les marchés en range sont des marchés incertains.

Vous voyez cela d'un simple regard sur le graphique. Le prix semble tirer sans aucune direction claire, comme les balles Ping-Pong en avant et en arrière, en avant et en arrière, etc. Ici, travailler avec un trailing stop n'a pas de sens à mes yeux.

L'objectif de prix lors du trading de range est la limite opposée du range. Si vous achetez le support (ligne inférieure), votre cible est automatiquement la limite supérieure, donc la résistance (ligne horizontale supérieure). Vous pouvez obtenir un gain maximum de 180 PIPs dans cet exemple.

En tant que trader de range, vous supposez que le support tiendra, si vous êtes long. Par conséquent, le stop-loss ne doit pas être trop généreux. Je recommande ici la moitié du range - c'est-à-dire 90 PIPs. Comme vous pouvez le voir, cette mesure aurait bien fonctionné dans les 2 premiers trades courts. Cela n'aurait pas fonctionné avec la 1e position longue. Ici, le stop-loss aurait été victime de la volatilité du marché.

La 2e position longue (flèche inférieure droite) a très bien atteint le prix cible. Cependant, regardez le temps qu'il a fallu à l'EUR/USD pour atteindre la cible. C'est assez typique pour un marché en range. Pour cette raison, vous ne devriez pas utiliser un trailing stop ici.

Tout d'abord, l'euro a atteint la moitié du range (c'est-à-dire que la position longue était déjà en profit de 90 PIPs) et est revenu tout le chemin jusqu'au point d'entrée pour redescendre même en dessous. C'est particulièrement embêtant mais cela se produit parfois. Si vous aviez mis prématurément ici votre stop-loss au point d'équilibre, vous auriez été laissé en derrière.

Je recommande de raccourcir un peu le stop-loss initial à 45 pips, si vous êtes déjà en profit de 90 PIPs. Les mesures, qui sont bonnes pour les marchés en tendance, ne s'appliquent pas aux marchés en range. Le trading des marchés en range est plus que tout autre un jeu de probabilité. Certains trades atteignent la cible, d'autres sont stoppés.

Dans cet exemple, nous avons le résultat suivant :

3 trades gagnants : 3 x 180 =540 PIPs

2 trades perdants : 2 x 90 = 180 PIPs

Total   360 PIPs

Le tsunami du Franc Suisse - un moment de guérison de la communauté du trading

Toute personne souhaitant entrer en Suisse en traversant la frontière dans la ville de Konstanz au sud de l'Allemagne un samedi après-midi ou un samedi soir, éprouve souvent une grande surprise. Une file d'attente de plusieurs kilomètres est formée devant la frontière suisse. Qui regarde les plaques d'immatriculation, note que ce ne sont pas les Allemands qui veulent entrer en Suisse, mais les Suisses ! Une invasion s'est-elle produite ici ?

Le vendredi après-midi et le samedi, on dirait vraiment que cela s'est bien passé, mais les envahisseurs suisses apportent aux détaillants allemands une 2e affaire de Noël car depuis l'augmentation spectaculaire du franc suisse le 15 janvier

2015, le tourisme pour le shopping a massivement augmenté.

Pas assez pour que les Suisses, avec leur fort franc suisse, vident les étagères des supermarchés des villes frontalières allemandes. Ils attendent également que les formulaires de remboursement de TVA soient imprimés. Aux douanes, ils récupèrent même la TVA. Par conséquent, ils gagnent 2 fois.

L'événement connu dans l'histoire du marché boursier comme le tsunami du franc a eu lieu le 15 janvier 2015. Un peu avant le 15 janvier, la Banque Nationale Suisse avait annoncé qu'elle ferait tout son possible pour défendre le plancher de 1,20 pour la paire EUR/CHF qu'elle avait imposée.

Quelques jours plus tard, ils ont fait ce que personne n'attendait. Ils ont laissé tomber le plancher du franc suisse face à l'euro qui s'est écrasé d'environ 15% en une demi-heure. Tout d'un coup, tous les Suisses possédaient 15% de plus de pouvoir d'achat.

Ce qui est bon pour les touristes suisses et pour les détaillants sud-allemands, est à mes yeux bon pour la communauté des traders. Le choc du franc était en fait la meilleure chose qui pouvait arriver aux traders. Il y a eu beaucoup d'aspects négatifs, dans certains cas avec des répercussions juridiques. De plus, bien que certains courtiers n'aient pas survécu à l'événement, je suis tout de même heureux que cela se soit produit.

On peut considérer le choc du franc comme un chapitre dans la « guerre des devises » et c'est certainement le cas. Nous savons maintenant, au moins depuis le 15 janvier 2015, que nous ne pouvons croire aucun acteur majeur sur les marchés financiers, et certainement pas les banquiers centraux.

De nombreux traders avaient des positions longues sur l'EUR/CHF en janvier 2015 car, pendant les jours précédant le 15 janvier, le prix était juste supérieur à 1,20. Étant donné que la Banque Nationale Suisse avait « garanti » la limite inférieure, une position longue ne semblait que logique et était considérée comme un trade gratuit.

Comme souvent, l'impensable s'est alors produit, certains ont peut-être placé un ordre stop-loss à 1,19 ou 1,18 au cas où. Cela ne les a aidé en aucune façon car le slippage (un pire prix d'exécution) était tellement grand que l'EUR/CHF est tombé de 1,20 à 0,85 dans un temps extrêmement court. Le prix d'exécution réel des stop-loss était alors, dans certains cas, à 0,85 - ce qui a entraîné d'énormes pertes. Les traders qui avaient compté sur la BNS (Banque Nationale Suisse) ont pu perdre des sommes à 6 chiffres.

En d'autres termes : dans ce cas extrême, qui s'appelle aussi **« Black Swan »**, l'ordre stop-loss est inutile. Bien que les cygnes noirs soient très rares. Il est possible que chaque trader tout au long de sa carrière de trading ait pu au moins une fois être victime d'un tel événement.

Un incident similaire, bien que moins dramatique, a eu lieu le 11 septembre 2001. Après les attaques contre le World Trade Center, les marchés boursiers aux États-Unis sont restés fermés pendant des jours. Aucun trader n'a pu liquider ses positions. Bien sûr, lorsque les marchés ont ré-ouverts, les prix étaient considérablement plus bas.

La guérison du tsunami du franc était aussi un évènement pour réfléchir sérieusement à la question de la taille de la position. Si les traders privés ont l'occasion de voir comment fonctionne une gestion d'actifs professionnelle, ils se demandent souvent « quelle est la taille » des positions qui sont conservées ou tradées. Elle est petite par rapport au capitale existant bien sûr.

À l'exception de certains hedge funds (du genre de celui de George Soros), c'est une règle avec les investisseurs institutionnels : aucune position unique ne peut mettre le fonds en difficulté. Supposons qu'un fonds ait une position sur une action XYZ et que cette société fasse faillite pendant la nuit. L'action tombe à zéro, ce qui représente une perte totale. Vous constaterez souvent que cette perte pourrait représenter une perte de 1% ou peut-être 2% dans le solde total du fonds. Je dirais que c'est un cas individuel regrettable, mais il ne conduit pas le fonds à la faillite.

Les traders privés, d'autre part, ont souvent des positions qui dépassent de loin la valeur de leur capital de trading. Quiconque dispose de 10 000$ disponible pour le trading et achète un mini lot sur l'EUR/USD (valeur de 10 000$) a déjà investi l'intégralité de son capital. Bien sûr, le trader peut acheter des positions beaucoup plus importantes en raison du grand avantage sur les marchés Forex : l'effet de levier. Cependant, la question est de savoir s'il devrait le faire.

Le tsunami du franc a toujours démontré combien il est dangereux de conserver des positions qui représentent un multiple du solde. Si cela ne va pas, comme dans le cas du choc du franc suisse, il n'y a pas de représentant du gouvernement fédéral qui vient au micro et assure aux traders Forex le soutien total du contribuable, désolé.

Par conséquent, en tant que trader privé, vous devriez sérieusement vous poser la question : devrais-je trader avec un effet de levier, bien que certains courtiers puissent vous proposer un effet de levier de 1:100 (certains courtiers 1:400 !). Il semble tentant de trader un petit capital de quelques milliers de dollars américains dans le plus court délai à plusieurs millions. La probabilité beaucoup plus grande est que vous allez détruire ce petit capital en quelques mois si vous utilisez un effet de levier.

Ma recommandation de trader avec de petites tailles de position est basée sur l'observation que la plupart des traders surestiment ce qu'ils peuvent réaliser dans un court laps de temps (une semaine ou un mois). Cependant, ils sous-estiment ce qu'ils peuvent réaliser sur une période plus longue si vous tradez votre stratégie de manière disciplinée sur une période de 5 à 10 ans.

Cela semble amusant lorsque vous pouvez terminer votre journée de bourse et que vous avez plus de 1 000$ dans votre compte (si vous avez seulement un capital de transaction de 10 000$ par exemple). Néanmoins, pouvez-vous faire cela tous les jours ?

À mon avis, c'est beaucoup plus logique de traiter votre entreprise de trading comme une entreprise réelle. Ce qui signifie commencer petit et trader progressivement avec des positions plus importantes à condition que vous soyez en mesure de multiplier votre capital existant.

N'essayez pas de gagner votre vie en tradant. Cet objectif vous met une forte pression. Le danger est alors que vous tradiez avec un fort effet de levier et que vous preniez des risques élevés de manière disproportionnée. En règle générale, ce n'est pas bon pour la plupart des traders débutants.

Il est beaucoup plus intelligent de commencer très petit (pour échanger, par exemple, dans le Forex avec Micro-lots, pas avec Mini-lots !) et de n'utiliser aucun effet de levier mais d'augmenter graduellement les positions avec l'expérience. Cela vous mettra moins de pression au début et vous pourrez tranquillement vous occuper de votre entreprise de trading.

L'effet de levier réel est alors utiliser à temps. La plupart des traders sous-estiment ce qu'ils peuvent réaliser sur une période de 5 ou 10 ans. Dans 5 ans, vous pourrez peut-être faire des choses auxquelles vous n'êtes pas en mesure de penser aujourd'hui. Donnez-vous le temps d'y arriver.

Faire du trading de manière détendue avec de plus petites positions a également un autre effet positif. Vous pouvez vous permettre de travailler avec des ordres stop-loss plus généreux. Tout comme un swing trader, vous ne devriez pas mettre vos stop-loss trop serrés. Donner au marché un certain temps pour se développer. S'il ne le fait pas après une période définie, alors vous devriez sérieusement réfléchir à minimiser le risque, comme indiqué précédemment.

Combien de positions puis-je avoir en même temps ?

Certes, en tant que swing trader, vous avez le luxe de ne pas devoir surveiller constamment vos trades, ce qui doit être fait par les day traders ou les scalpeurs par exemple. Vous êtes dans une position confortable car vous placez vos ordres sur le marché et vous pouvez partir faire autre chose. Étant donné que votre position possède à la fois un ordre stop-loss et un ordre de take-profit, c'est finalement le marché qui décide lequel des 2 ordres sera exécuté en premier.

Cela vous permet de prendre plusieurs positions simultanément. Néanmoins, je voudrais attirer votre attention sur cette pratique. Moi-même, je ne peux pas plus de 2 positions simultanément.

Pourquoi ?

Les marchés d'aujourd'hui sont fortement corrélés. Si quelque chose se passe avec le dollar, cela pourrait certainement avoir un impact sur le marché des actions et aussi sur les matières premières. S'il y a une forte évolution sur le marché pétrolier, ce n'est pas sans conséquence pour le marché boursier et pour toutes les devises, y compris le dollar.

En d'autres termes, si vous détenez, par exemple, une position sur l'EUR/USD, sur le pétrole brut et sur le Dow Jones, si quelque se produit sur l'un de ces marchés, tous les autres pourraient être touchés. Si votre position est dans le sens contraire de l'évolution du marché, il se pourrait que vous subissiez une perte sur les 3 positions.

Plus important encore, il y a aussi une composante plus psychologique. Lorsque les traders détiennent trop de position au même moment, ils développent une certaine indifférence vis-à-vis de certaines positions. Vous ne pouvez pas gérer toutes ces positions avec le même soin que si vous aviez seulement une seule position. Gardez donc le tout le plus simple possible et essayez de trader les marchés dans lesquels vous reconnaissez une vraie chance de gagner. Moins est souvent plus.

Glossaire

Black Swan : événement très rare avec un grand impact

Breakeven : niveau à partir duquel le coût total et le revenu total sont égaux

Corrélation : mesure statistique de la façon dont 2 titres se déplacent l'un par rapport à l'autre

Day trading : décrit une certaine spéculation à court terme de titres. Un trader ouvrira une position et, au cours du même jour de bourse, la fermera

Drawdown : perte cumulative maximale au cours d'une période donnée. C'est généralement présenté en pourcentage.

Dow Theory : la théorie de Dow est à la base de toute analyse technique des marchés financiers

Future sur l'E-Mini : contrat à terme sur l'indice américain S&P 500

Stratégie de sortie : stratégie qui détermine la sortie d'un marché

Forex : Forex Exchange Market - marché international des devises

Ordre stop-loss garanti : avec ce type d'ordre, le courtier garantit la fermeture du poste au prix souhaité

Heikin-Ashi : « Equilibre sur un pied » - représentation japonaise du changement des prix

Taux de réussite : c'est le ratio des trades gagnants par rapport aux trades perdants

Stop initial : le stop initial limite le risque de position au moment de l'exécution

Position longue : être long signifie que vous avez acheté un titre et que vous le possédez

Lot : un lot est l'unité de trading sur les marchés de change (Forex) et les marchés à terme

Micro lot : correspond à un contrat de 1 000 $ sur une paire de devises

Mini lot : correspond à un contrat de plus de 10 000 $ sur une paire de devises

Momentum : informe les investisseurs sur le rythme et la force du mouvement des prix

Pip : Percentage In Point - plus petite unité de changement dans le prix des devises

Range : est clairement défini sur une période donnée

Résistance : niveau de prix auquel de nombreux vendeurs émergent

Retracement : retournement temporaire qui va contre la tendance qui prévalait

Scalping : technique de trading par laquelle un trader trade de petits mouvements du marché

Position vendeuse ou short : un trader est court lorsqu'il vend une position sans détenir l'actif sous-jacent (vente à découvert)

Slippage : différence entre le prix estimé et le prix réel d'un actif à l'exécution

Ordre stop-loss : ordre de vente qui est activé lorsqu'un certain prix est atteint pour protéger son capital

Trailing stop : ordre automatique de stop-loss qui suit le prix à une distance définie

Support : niveau de prix auquel de nombreux acheteurs émergent

Suivi de tendance : stratégie de trading qui se concentre sur le suivi de tendance une fois qu'une tendance a été identifiée

Volatilité : écart type qui spécifie la façon dont les prix d'un marché varient

Autres livres de Heikin Ashi Trader

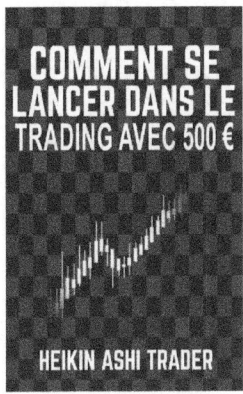

Comment Se Lancer Dans Le Trading avec 500 €

Beaucoup de nouveaux traders n'ont que très peu de capitaux disponibles dès le départ, mais ce n'est toutefois pas un obstacle à une carrière dans le trading. Cependant, ce livre ne décrit pas comment transformer un compte de 500 € en 500 000 € - car ce sont précisément ces espoirs exagérés concernant les rendements futurs qui amènent la plupart des traders débutants à échouer.

Au lieu de cela, l'auteur montre, de manière réaliste, comment vous pouvez devenir un trader à temps plein en dépit d'un capital de démarrage limité. Cela s'applique à la fois aux traders souhaitant rester privés, ainsi qu'à ceux qui veulent éventuellement investir les fonds de leurs clients.

Ce livre montre étape par étape comment le faire avec un plan d'action concret pour chaque étape. N'importe qui peut en principe être trader, si il ou elle est prêt à apprendre comment cette activité fonctionne.

Sommaire

1. Comment devenir un bon trader avec 500 € en poche ?

2. Comment acquérir les bonnes habitudes en trading ?

3. Comment devenir un trader discipliné

4. Le conte de fée des intérêts composés

5. Comment investir avec un compte à 500 € ?

6. Le Trading Social

7. Parlez à votre courtier

8. Comment devenir un trader professionnel ?

9. Faire du trading pour un fond d'investissement

10. Apprenez à créer votre réseau professionnel

11. Devenez un trader professionnel en 7 étapes

12. 500 € représente beaucoup d'argent

Comment scalper avec le Future Mini-DAX?

Grâce à l'introduction du Future Mini-DAX (FDXM), les traders privés avec un petit compte peuvent avoir l'opportunité de scalper de façon professionnelle l'indice boursier allemand, le DAX. Contrairement à la plupart des autres instruments financiers, les Futures sont les plus transparents et les plus efficaces pour se faire de l'argent sur les marchés financiers.

Les Scalpeurs ont beaucoup plus d'opportunités de trading que les Traders de position ou les Day Traders, ce qui constitue la vraie force de ce style de trading. Un Scalpeur doit donc organiser ses capitaux bien plus efficacement que tous les participants du marché et ainsi obtenir des rendements bien meilleurs que les autres.

Heikin Ashi Trader montre dans ce livre comment scalper ce nouveau Future sur le DAX. Vous apprendrez comment entrer en position, comment gérer votre position et à quel moment vous devez sortir du marché. De plus, ce livre contient un grand nombre d'astuces et d'outils pour rendre votre trading encore plus efficace et plus précis.

Sommaire

12. Quand Devez- Vous Scalper Le Future Mini-Dax (Et Quand Faut-Il Eviter) ?

13. Outils Utiles Pour Les Scalpeurs

   A. Placer Des Ordres

   B. Ouvrir Et Fermer Des Ordres

   C. Gérer Les Ordres Ouverts

   D. Le Trailing Stop Comme Outil De Maximisation De Profits

14. Les Différents Ordres De Stop-Loss

   A. Le Stop-Loss Fixe

   B. Le Trailing Stop

   C. Le Stop Linéaire

   D. Le Time Stop

   E. Le Stop Parabolique

À propos de l'auteur

Le trader Heikin Ashi est reconnu dans le monde entier comme le spécialiste du scalping avec le tableau Heikin Ashi. Il pratique ce type de trading depuis 19 ans. Il a négocié pour un fonds spéculatif et s'est ensuite lancé dans les affaires pour son propre compte en tant que trader. Son livre sur le scalping " Scalping is Fun ! "est un best-seller international et a été vendu plus de 30 000 fois. Vous pouvez trouver plus d'informations sur sa méthode de scalping sur ce site www.heikinashitrader.net.

Impression

ou supposé occasionné, directement ou indirectement par les informations contenues dans ce document.

Première édition 2017